GLI EROI CHE SONO STATI TAGLIATI:

Gli assassinii di Yitzhak Rabin e Anwar Sadat, e la Natimortalità della Pace in Medio Oriente

Janvier T. Chando

TISI BOOKS

NEW YORK, RALEIGH, LONDRA, AMSTERDAM
www.tisibooks.com

Titoli di Saggistica di Janvier Chando

EGEMONE IN DIVENIRE: LA NASCITA E LA CRESCITA…
CAMERUN: Il Sistema di Marionette Disfunzionali della Francia…
ICONE E CATTIVI: I Recenti Omicidi Politici...
EROI CADUTI: I Leader Africani i cui Assassinazioni...
UCRAINA: Il Tiro Alla Fune Tra Russia e Occidente
CAMERUN: Il Cuore Infestato dell'Africa

Titoli di Finzione di Janvier Chando

L'Usurpatore: e Altre Storie
Agente Triplo, Doppia Croce
Discepoli della Fortuna
L'Unione Muzhik
Il Flash del Sole
La Chiamata della Fortuna
Il Maestro della Fortuna
I Figli della Fortuna
Lo Prima di Loro
La Leggenda di Fuoco e Ghiaccio
La Più Dolce Follia
Le Nonne
Il Fuoco della Fame
Le Sfumature del Fuoco
Padre e Figli
Il Dottore
Tonalità Scure
Legami Fatidici
Il Verdetto dell'Ade
La Prova di sua Maestà
Follia di Ngoko
L'Usurpatore
La Dote
Sono odiato
L'Allocco

Prossimi Titoli di Janvier Chando

Il Falco Bianco
I Incostante di Casa
Gli Orsi di Norilsk
Gli Amici Mortali

ISBN-13: 979-8-86-537771-9

ISBN-10: 8-86-537771-2

PUBBLICATO DA TISI BOOKS

www.tisibooks.com

NEW YORK, RALEIGH, LONDRA, AMSTERDAM

Stampato negli Stati Uniti d'America

Epigrafe

"Ogni processo deve seguire il suo corso storico e arrivare a una conclusione logica, indipendentemente dai facilitatori iniettati per accelerare il processo, o gli ostacoli posti a fermarlo o fermarlo."

CHRISTOPHER NKWAYEP-CHANDO

Dedizione

Il libro è dedicato a tutti i leader iconici e leggendari i cui scopi erano di servire l'umanità e promuovere il benessere dell'umanità, specialmente quelli che sono stati tagliati corto nelle loro missioni storiche dalle forze malvagie di questo mondo.

Riconoscimento

Il mio più profondo, più caldo ed eterno grazie al Dr. Samuel F. Tchwenko e Christopher N. Chando per il loro contributo all'ideale di solidarietà sociale e alla valorizzazione dell'umanità.

GLI EROI CHE SONO STATI TAGLIATI:
Gli assassinii di Yitzhak Rabin e Anwar Sadat, e la Natimortalità della Pace in Medio Oriente

Contenuto

Mappe

Mappa del Medio Oriente

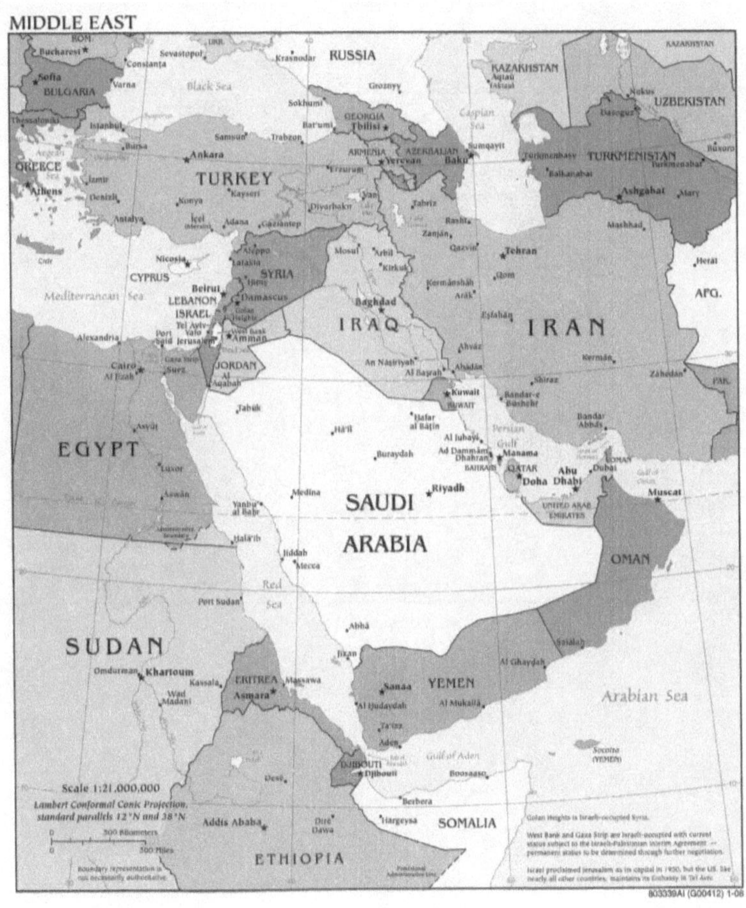

Mappa dei Cambiamenti Territoriali dopo la Guerra dei Sei Giorni del 1967

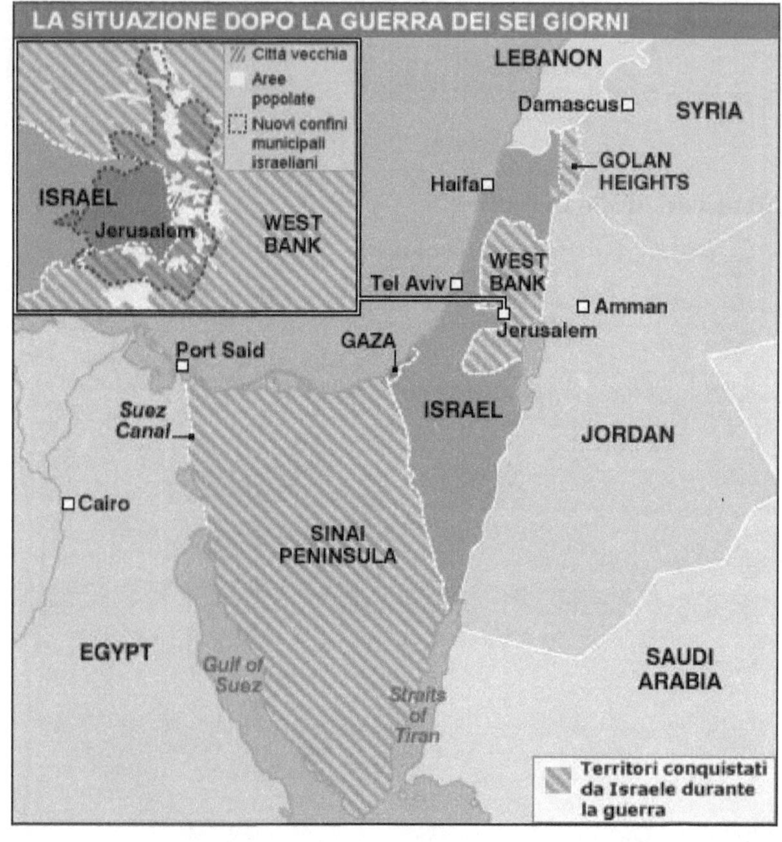

Israele Dopo le Guerre Arabo-Israeliane del 1967 e del 1973

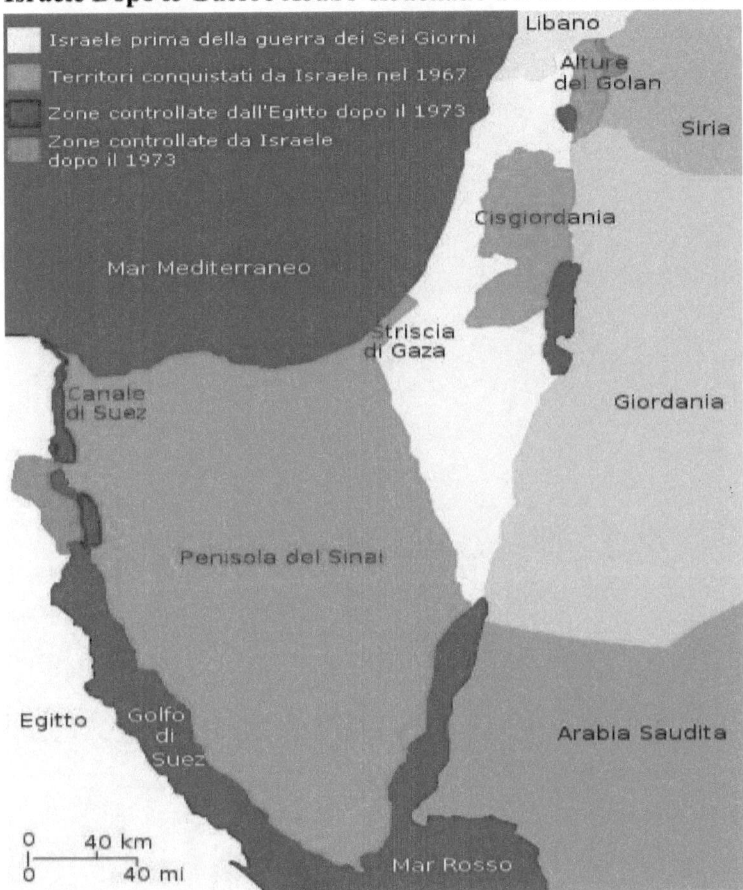

PROLEGOMENO

Nessuna parte del mondo è stata così afflitta da guerre come il Medio Oriente. Fin dai tempi antichi, i suoi principali fiumi – il Nilo, il Tigri e l'Eufrate – non solo hanno sostenuto grandi civiltà, ma il suo cuore – il Levante – ha anche contribuito all'agricoltura, all'industria, all'istruzione, alla scienza e alla tecnologia e allo sviluppo religioso, generando l'ebraismo e il cristianesimo, prima dell'avvento dell'Islam quasi un millennio dopo. Ma solo dopo la fondazione di Israele nel 1948 si poté trovare almeno un paese nella regione in cui la maggioranza dei suoi cittadini aderiva a una delle tre religioni: l'ebraismo ritrovò il suo dominio in Israele; Il cristianesimo era dominante in Libano e l'islam continuava ad essere molto influente negli altri paesi del Medio Oriente.

Tuttavia, qualcosa che ha complicato ulteriormente l'enigma del Medio Oriente è stata la natura della nascita di Israele, o rinascita, come alcuni preferirebbero chiamare la sua indipendenza il 14 maggio 1948. I paesi arabi confinanti reagirono alla sua proclamazione di indipendenza dichiarandole guerra, dando vita a quella che è passata alla storia come la prima guerra arabo-israeliana del 1948-1949. Si concluse con un armistizio che vide Israele controllare più terra di quanta ne fosse stata originariamente assegnata dall'Organizzazione delle Nazioni Unite; e si è conclusa con quelle che dovevano essere le terre di un futuro stato per gli arabi dell'ex colonia britannica della Palestina (Cisgiordania e Gaza), passando sotto il controllo de facto rispettivamente della Giordania e dell'Egitto.

Nella terza guerra arabo-israeliana del 1967, Israele conquistò e occupò la Cisgiordania dalla Giordania, le alture del Golan dalla Siria e Gaza e la penisola del Sinai dall'Egitto. Ma solo dopo la guerra arabo-israeliana del 1973 gli esausti belligeranti videro la necessità della pace. Ma poi, quando il presidente egiziano ed eroe della guerra del 1973 e l'eroe israeliano della guerra del 1967 vengono assassinati per aver cercato di rendere possibile agli arabi e agli israeliani di vivere in pace, armonia e cooperazione, gli esperti sono sfidati a dare un senso agli sviluppi nella regione che sono passati inosservati. Quando prendiamo in considerazione il fatto che ci sono state quattro guerre arabo-israeliane dopo la guerra del 1948-49 (1956, 1967, 1973 e 1982) e che Israele ha combattuto guerre minori contro organizzazioni in Libano e Gaza; Mentre osserviamo l'ascesa del fondamentalismo religioso e la crescente intolleranza tra gli elementi radicali delle tre religioni monoteiste, diventa quasi ovvio che la regione ha un disperato bisogno di pace, stabilità, tolleranza e progresso. Come si possa raggiungere questo obiettivo con le lezioni degli assassinii di Anwar Sadat e Yitzhak Rabin ancora fresche nella mente della gente della regione, è qualcosa di difficile da dire.

Sì, le persone vengono uccise ogni giorno, ma ci sono omicidi speciali che sono di così vasta portata che risuonano in un paese, in paesi associati, in continenti e persino in tutto il mondo, soprattutto se gli omicidi hanno implicazioni politiche o religiose, e soprattutto se gli omicidi sono compiuti come un attacco a sorpresa contro una persona importante. Questi casi spesso includono l'omicidio di un presidente, di un primo ministro, di un re, di un'icona del movimento di liberazione o di altri leader mondiali che influenzano profondamente il destino delle persone. Tali omicidi sono considerati omicidi.

L'assassinio di una figura autoritaria è a volte così scioccante e travolgente che innesca quella che gli psicologi chiamano memoria flash in coloro che conoscevano il leader che è stato liquidato, in particolare i cittadini del paese da cui proveniva il leader. Si tratta spesso di persone che hanno guardato a questa figura ispiratrice, motivazionale, emulativa e/o illuminata come la persona speciale che li avrebbe portati fuori da un'impasse o da una situazione deprimente verso un futuro che possono solo immaginare o che non è stato chiaramente tracciato, un futuro in cui hanno comunque creduto fortemente.

La cosa sorprendente è che coloro che hanno un profondo attaccamento emotivo alla figura assassinata tendono a ricordare dove si trovavano e cosa stavano facendo quando hanno sentito la notizia dell'omicidio del leader.

Il desiderio da parte dei governi e di altre istituzioni di prevenire la perdita forzata delle vite delle loro figure storiche, in modo da prevenire traumi nella storia dei loro paesi, ha portato alcuni di questi sistemi politici e istituzioni a fare il possibile per proteggere i loro leader. Questo spiega perché la maggior parte dei leader politici di spicco oggi hanno guardie del corpo personali o elaborati servizi di sicurezza intorno a loro per dissuadere potenziali assassini o gruppi di assassini dall'intrattenere o perseguire l'idea di ucciderli. Ciononostante, di tanto in tanto sentiamo ancora parlare di omicidi.

Tuttavia, in un mondo che sembra più folle di quanto non fosse due secoli fa; in un mondo afflitto dal fanatismo religioso, dal nazionalismo radicale, dalle agende segrete e dalla proliferazione delle armi; In un mondo che è diventato noto per le informazioni istantanee o la condivisione di notizie attraverso la stampa, i media visivi e audio, l'umanità avrebbe sperimentato un caos maggiore se non ci fossero state misure aumentate e migliorate per provvedere alla sicurezza dei leader. Questo è il motivo per cui negli ultimi anni abbiamo assistito a un minor numero di casi di omicidi riusciti che si sono riverberati così tanto nel mondo.

Il che ci porta a questa domanda: quali sono i casi di successo di omicidi politici negli ultimi due secoli e come hanno alterato la traiettoria della storia al punto da distinguersi da altri omicidi?

Questo resoconto che segue offre al lettore una visione dei dannosi omicidi politici che non solo hanno ferito le persone che ammiravano quegli eroi le cui vite sono state stroncate, ma che hanno impedito lo sviluppo positivo di alcune società, paesi, continenti, e dell'umanità nel suo insieme, alterando in alcuni casi la traiettoria della storia.

INTRODUZIONE

Nella mia ricerca della risposta al perché esistono certi focolai geopolitici nel mondo, nella mia ricerca di conoscere le ragioni per cui alcuni paesi e il mondo in generale hanno sperimentato cambiamenti improvvisi e drammatici che hanno portato alla guerra, all'instabilità o a un riorientamento delle loro politiche interne ed estere che non solo hanno colpito questi paesi, ma influenzano anche alcune regioni o il mondo intero, Ho esplorato gli omicidi politici degli ultimi decenni che hanno cambiato il nostro mondo. Per mondo intendo le nostre comunità, i nostri paesi, le nostre regioni e l'umanità nel suo insieme.

Nel trattare i diversi omicidi che hanno avuto luogo nel corso degli anni, ho utilizzato un approccio caratterizzato dalla sociologia politica, in cui ho analizzato sinteticamente i fattori storici e sociali che non solo hanno portato agli omicidi, ma che sono anche sorti dall'uccisione di queste figure storiche. E da questi fattori, ci viene presentata un'idea o immagini di come la società colpita si è evoluta dopo l'evento traumatico.

Dai contraccolpi che hanno seguito l'assassinio di figure storiche, leggendarie o iconiche, possiamo imparare qualcosa di utile e inventare scenari o cosa aspettarci come calamità se particolari leader vengono assassinati, e quindi agire di conseguenza per prevenire i loro assassinii.

Capitolo Uno

Yitzhak Rabin

Citazioni di Yitzhak Rabin

"Non fai pace con gli amici. Ce la fai con nemici molto sgradevoli."

"Dobbiamo pensare in modo diverso, guardare le cose in un modo diverso. La pace richiede un mondo di nuovi concetti, nuove definizioni."

"Di tutte le mani del mondo, non era la mano che volevo o sognavo di toccare, ... Noi, i soldati che tornati dalla battaglia macchiati di sangue; noi che abbiamo visto i nostri parenti e amici uccisi davanti ai nostri occhi; noi che abbiamo assistito ai loro funerali e non possiamo guardare negli occhi i loro genitori; noi che siamo venuti da una terra dove i genitori seppelliscono i loro figli; noi che abbiamo combattuto contro di voi, i palestinesi - vi diciamo oggi a voce alta e chiara: Basta con il sangue e le lacrime. Basta ... È giunto il momento della pace."

"Basta con il sangue e le lacrime. Basta!"

"Una pace diplomatica non è ancora la vera pace. È un passo essenziale nel processo di pace che porta verso una vera pace."

"Non c'è modo di trovare una via di mezzo, anche con le migliori intenzioni del mondo. La nostra politica più sensata è quella di stallo."

"Ho considerato la prevenzione della guerra come il test della nostra politica di sicurezza; oltre a essere in grado di porre fine a qualsiasi guerra che ci viene imposta rapidamente e con forza."

"Credo, tuttavia, che la pace sia raggiungibile indipendentemente dalla mentalità, dalla società o dal governo degli arabi."

"Dobbiamo passare un anno nel nostro rapporto con gli Stati Uniti camminando in punta di piedi. Se superiamo con successo l'anno 1975 e arriveremo al 1976, guadagneremo non un anno ma due."

"Israele ha un principio importante: è solo Israele che è responsabile della nostra sicurezza."

"Vorrei che Gaza sprofondasse nel mare, ma ciò non accadrà e bisogna trovare una soluzione."

"Nessun governante Arabo prenderà seriamente in considerazione il processo di pace fintanto che sarà in grado di giocherellare con l'idea di ottenere di più attraverso la violenza."

"Non ci fermeremo finché non raggiungeremo un accordo

permanente [con i palestinesi] che assicuri un futuro sicuro per i nostri bambini e che ci fornisca una rinnovata speranza di vivere in una regione dove le persone conducono una vita di cooperazione e non, Dio non voglia, dove viene versato il sangue."

"[I palestinesi] non hanno in passato e non costituiscono oggi una minaccia esistenziale per lo stato di Israele."

"C'è solo un mezzo radicale per santificare le vite umane. Non corazzate, carri armati, aerei o fortificazioni in cemento. L'unica soluzione radicale è la pace."

"Non vale la carta su cui è scritto a meno che non sia sostenuto dal tipo di forza che farà considerare l'altra parte le sanzioni troppo pesanti per rompere l'accordo."

"Siamo rimasti tutti sorpresi di quanto sia andato liscio, rispetto a ciò che ci si aspettava. La società Israeliana ha impiegato tempo, 10 anni, per diventare matura per una simile mossa."

"Credo che sia mia responsabilità come primo ministro di Israele fare tutto ciò che può essere fatto per sfruttare le opportunità uniche che ci aspettano per andare verso la pace. Non tutto può essere fatto con un atto."

Israele su una mappa del mondo

Mappe di Palestina, Israele e Territori Occupati nel tempo

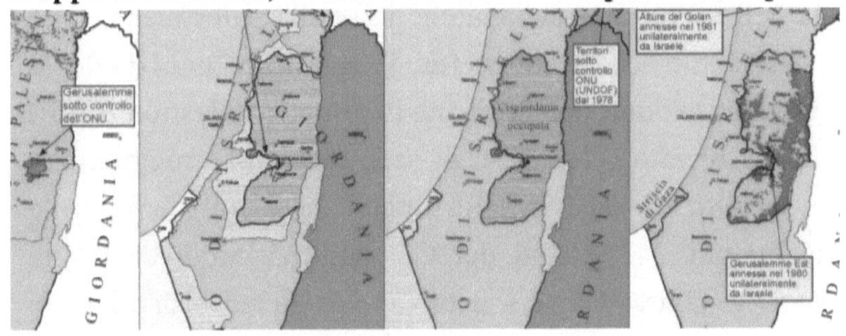

Israele, Gaza, West Bank e Golan

Yitzhak Rabin è nato a Gerusalemme il 1 ° Marzo 1922, in quello che allora faceva parte del mandato della Società delle Nazioni di Palestina, ed è diventato il primo primo ministro Israeliano nativo, e il primo nella sua storia ad essere assassinato quando il 4 Novembre 1995 Yigal Amir, un venticinquenne ultranazionalista ed Ebreo fanatico religioso contrario agli accordi di Oslo del 1993, gli ha sparato a bruciapelo alla fine di una manifestazione a favore della pace organizzata a Tel Aviv.

Gli Accordi di Oslo, a cui si oppongono gruppi radicali sia nelle società Israeliana che in quella palestinese, sono un insieme di accordi tra il governo di Israele e l'Organizzazione per la liberazione della Palestina (OLP) che ha avviato il processo di pace che mira a raggiungere un trattato di pace Israele e palestinesi sulla base delle risoluzioni 242 e 338 del Consiglio di sicurezza delle Nazioni Unite. Ci si aspettava che gli accordi di Oslo culminassero nell'adempimento del "diritto del popolo Palestinese all'autodeterminazione."

L'assassinio di Yitzhak Rabin da parte del giovane fanatico Ebreo sollevava inevitabilmente la questione se i sacrifici che era pronto a condurre Israele a compiere per raggiungere la pace con i vicini popoli di lingua araba e gli stati arabi non fossero troppo per la società Israeliana.

Yitzhak Rabin stava scontando il suo secondo mandato non consecutivo come Primo Ministro di Israele prima del suo assassinio. Il mandato iniziato nel 1992 avrebbe dovuto terminare nel 1996, che è l'anno in cui ci si aspettava che avrebbe cercato la rielezione come candidato del partito laburista per portarlo alla vittoria nelle elezioni generali.

Considerato da molti esperti come il più grande stratega di tutti i generali nella storia dell'Israele moderno e classificato tra i tre più grandi generali di Israele, il cupo Yitzhak Rabin non fu solo il primo primo ministro di Israele nativo, fu il secondo a muore in carica dopo Levi Eshkol, e l'unico primo ministro nella storia di Israele che è stato assassinato.

Yitzhak Rabin è entrato nella scena politica Israeliana dopo la guerra (dei sei giorni) del 1967 che Israele vinse in sei giorni mettendo in rotta gli eserciti di Egitto, Siria e Giordania, e catturando e occupando i loro territori. È stata una guerra che ha progettato e diretto come 7 ° Capo di Stato Maggiore delle Forze di Difesa Israeliane (IDF). Ha continuato a servire come ambasciatore Israeliano negli Stati Uniti d'America dal 1968 al 1973, prima di diventare Primo Ministro di Israele dal 1974-1977, segnando una fase fondamentale nella sua trasformazione in grande statista.

In qualità di quinto Primo Ministro Israeliano, era rispettato a livello internazionale ed era considerato un eroe sacro dai sostenitori del movimento per la pace in Israele, che lo consideravano non solo il generale che salvò Israele in tempo di guerra, ma anche come il leader del paese che ha iniziato il processo di pace con i palestinesi.

In che modo Yitzhak Rabin si è trasformato da generale a pacificatore?

La risposta parte dalla sua nascita. Nato al Shaare Zedek

Medical Center di Gerusalemme da immigrati Ebreo-ucraini della Terza Aliya, la terza ondata di immigrazione Ebraica in Palestina dall'Europa, i suoi genitori si sarebbero allontanati dalla città santa poco dopo la sua nascita, e avrebbero finalmente realizzato il nuovo città Ebraica laica di Tel Aviv, la loro nuova casa. È stato in una famiglia sionista laburista di questa città costiera che il giovane Yitzhak è cresciuto dall'età di un anno, come Sabra o Ebreo nativo. Questo accadeva in un tempo e in una società i cui figli erano fortemente influenzati dagli ideali sionisti dei loro genitori e furono pesantemente mobilitati in tenera età per contribuire a realizzare l'obiettivo di una patria per gli ebrei in Palestina in conformità con il Balfour del 1917 Dichiarazione.

Figlio di una madre che era una figura centrale nel sottosuolo ebraico, il giovane Rabin avrebbe studiato agricoltura a Tel Aviv presso le scuole Beit Hinuch Le Yaldei ha'Ovdim e Givat HaShlosha, prima di iscriversi alla prestigiosa scuola biennale Kadoorie Agricultural High School nel 1937. Ma fu un anno dopo essersi unito all'organizzazione paramilitare Ebraica Haganah, che segnò l'inizio della sua carriera militare di 27 anni - iniziando come soldato del Palmach (la forza combattente d'élite dell'Haganah, che era l'esercito della comunità Ebraica o Yishuv nella Palestina britannica). L'Haganah divenne il nucleo del futuro esercito Israeliano in seguito alla proclamazione dell'indipendenza di Israele il 14 Maggio 1948 da parte di David Ben Gurion, il primo primo ministro Israeliano.

Mappa delle partizioni per la Palestina dall'Organizzazione delle Nazioni Unite

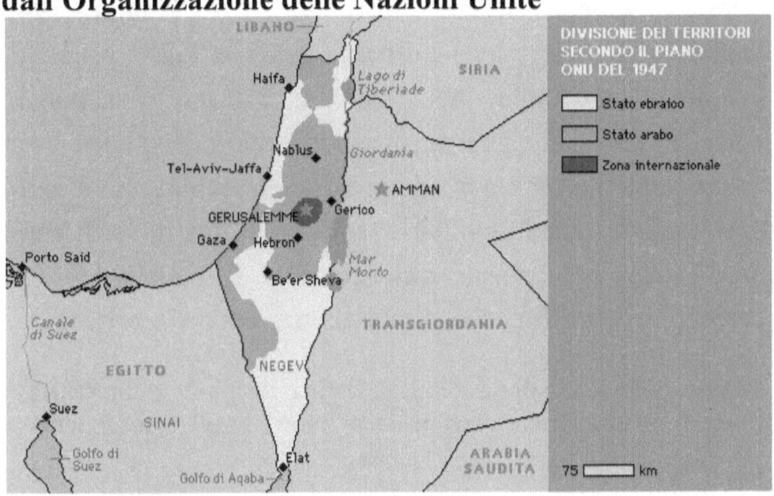

Israele all'inizio della Prima Guerra Arabo-Israeliana

Si distinse nelle prime fasi della prima guerra Arabo-Israeliana del 15 Maggio 1948- Marzo 1949 come comandante di brigata, e poi è salito di grado delle forze di difesa Israeliane (IDF — formate il 26 Maggio 1948 dall'Haganah, ei gruppi militanti Irgun e Lehi) prima di diventare capo delle operazioni per il fronte meridionale verso la fine della guerra, una posizione che gli valse un posto come membro della delegazione Israeliana ai colloqui di armistizio Israelo-egiziano tenuti sull'isola di Rodi negli Stati Uniti, che ha portato agli accordi di armistizio del 1949 che hanno posto fine alla prima guerra Arabo-Israeliana.

Mappa della partizione della Palestina da parte delle Nazioni Unite, la Prima Guerra Arabo-Israeliana e le sue Conseguenze

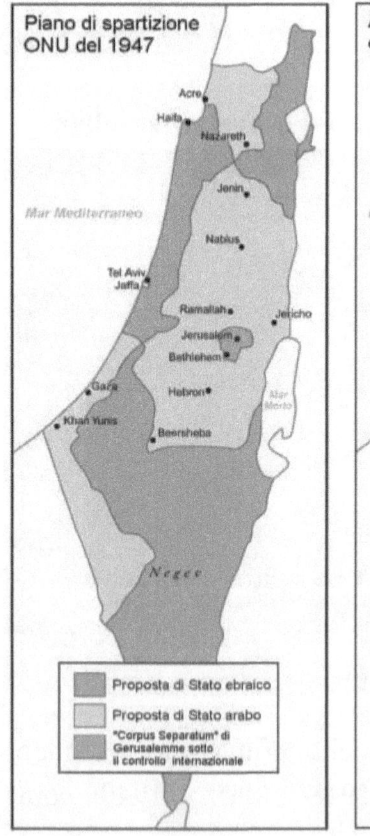

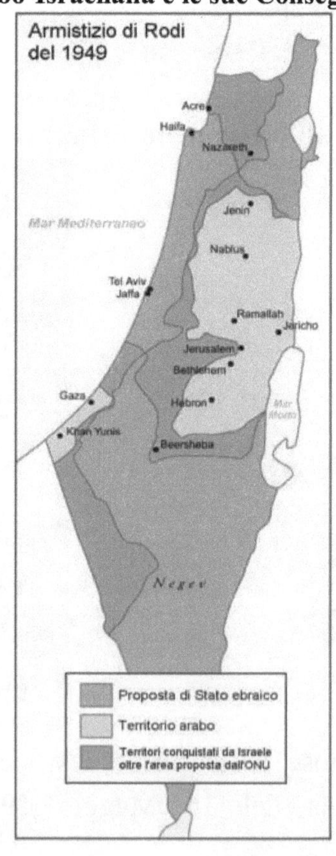

Yitzhak Rabin è passato alle forze di difesa Israeliane (IDF) dopo la prima guerra Arabo-Israeliana o la guerra di indipendenza Israeliana, come il più anziano ex membro di Palmach che è rimasto nel nuovo esercito dopo la smobilitazione postbellica.

Così, quando le forze di difesa Israeliane entrarono in Egitto, conquistando il Sinai (una penisola egiziana in Medio Oriente, situata attraverso l'Africa attraverso il Mar Rosso e il Canale di Suez) in alleanza con la Gran Bretagna e la Francia in quella che è conosciuta come la crisi di Suez dal 29 Ottobre, Dal 1956 al 7 Novembre 1956, ma altrimenti chiamata Seconda Guerra Arabo-Israeliana, Yitzhak Rabin ha svolto un ruolo centrale nella pianificazione e nell'esecuzione di questa guerra da parte di Israele.

Quando la pressione politica degli Stati Uniti d'America costrinse le tre nazioni invasori a ritirare le loro truppe, vanificando così i loro obiettivi di rovesciare il presidente egiziano Gamal Abdel Nasser (ha nazionalizzato il Canale di Suez nel Luglio 1956) e di riprendere il controllo del Canale di Suez per il Western World, Rabin arrivò a comprendere appieno il ruolo degli Stati Uniti d'America negli affari mondiali. Fu allora che si rese conto della necessità per Israele di avere gli Stati Uniti d'America saldamente al suo fianco negli sforzi futuri che avrebbero avuto implicazioni di vasta portata per la nascente nazione.

La Crisi di Suez altrimenti chiamata la Seconda Guerra Arabo-Israeliana

1956: Seconda Guerra Arabo – Israeliana
Canale di Suez

- La Crisi di Suez: un conflitto che nel 1956 vide l'Egitto (Nasser) opporsi all'occupazione militare del Canale di Suez da parte di Francia, Regno Unito ed Israele.

- La crisi si concluse quando l'URSS minacciò di intervenire al fianco dell'Egitto e gli Stati Uniti, temendo l'allargamento del conflitto, costrinsero britannici, francesi ed israeliani al ritiro.

- In prospettiva, il ruolo svolto da USA e URSS nel conflitto è oggi letto come il loro definitivo riconoscimento ad uniche superpotenze planetarie a discapito dell'Europa

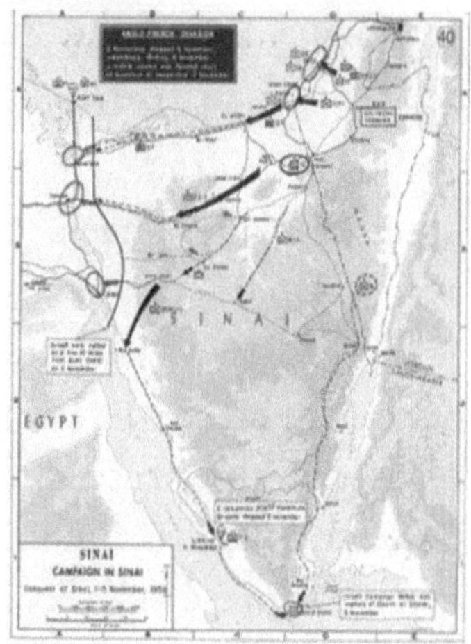

****

Le fortune di Yitzhak Rabin nell'esercito sono aumentate più rapidamente dopo che David Ben Gurion è uscito dalla scena politica Israeliana nel 1963 dimettendosi da primo ministro e facendo di Levi Eshkol il suo successore. Rabin il generale si distinse ulteriormente nell'IDF dopo la sua nomina a capo di stato maggiore generale nel 1964, poiché avrebbe supervisionato i cambiamenti nell'esercito che portarono alla vittoria di Israele nella Guerra dei Sei Giorni del 1967, anche se il ministro della Difesa Moshe Dayan ne ottenne la maggior parte del merito.

La vittoria delle forze di difesa Israeliane (IDF) sugli eserciti di Egitto, Giordania e Siria, e la conquista della penisola del Sinai e della Striscia di Gaza, della Cisgiordania e di Gerusalemme Est, e delle alture del Golan da quei paesi rispettivamente, hanno aumentato il territorio di Israele più di tre volte e ha rafforzato l'orgoglio e la fiducia dello stato ebraico a livelli inimmaginabili. I migliori militari divennero celebrità a pieno titolo.

Mappa dei Cambiamenti Territoriali dopo la Guerra dei Sei Giorni del 1967

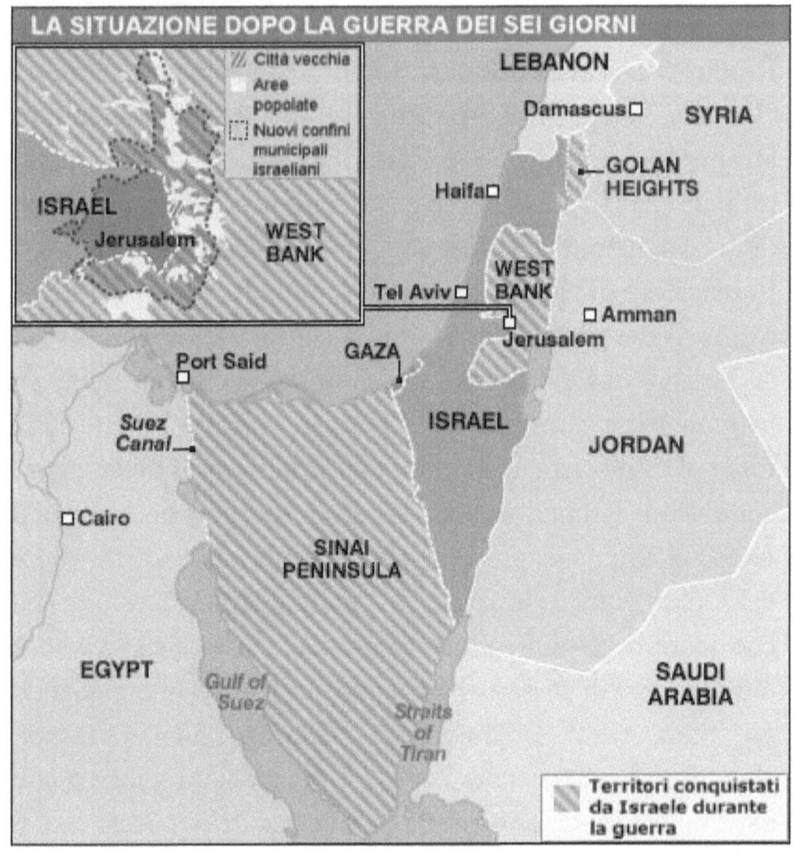

Fu in quella gloria che Rabin si ritirò dall'IDF e passò alla politica. Il governo del terzo primo ministro Israeliano Levi Eshkol ha attinto alla sua fama e lo ha nominato ambasciatore Israeliano negli Stati Uniti d'America nel 1968. Il mandato di Yitzhak Rabin come ambasciatore di Israele negli Stati Uniti dal 1968 al 1973 è stato un periodo di approfondimento degli Stati Uniti - Legami Israeliani che anche la morte di Levi Eshkol il 26 Febbraio 1969 mai rallentato. E Yitzhak Rabin ottiene il meritato merito per il rafforzamento delle relazioni USA-Israele, che si sono rivelate particolarmente utili durante la guerra dello Yom Kippur dal 6 al 25 Ottobre 1973, altrimenti nota come la Terza Guerra Arabo-Israeliana, mentre sovrintendeva all'approvvigionamento e alla consegna di rifornimenti militari che aiutavano Israele a evitare la sconfitta per mano di una coalizione di stati arabi guidati da Egitto e Siria.

Rabin tornò in Israele dagli Stati Uniti e fu nominato Primo Ministro del paese nel 1974, in seguito alle dimissioni del successore di Levi Eshkol Golda Meir, la cui leadership fu in gran parte accusata delle battute d'arresto subite dalle forze di difesa Israeliane durante i primi giorni della guerra dello Yom Kippur, quando gli eserciti egiziano e Siriano fecero alcuni guadagni nella penisola del Sinai e nelle alture del Golan durante le prime fasi della guerra. Questo prima che fossero respinti da un contrattacco Israeliano verso e oltre le linee di cessate il fuoco prebelliche, e fino a quando gli Stati Uniti d'America e l'Unione Sovietica non elaborarono un secondo cessate il fuoco, che imposero alle parti in guerra, determinando così la fine della guerra.

Mappa di Israele, Egitto e Siria dopo la Guerra dello Yom Kippur

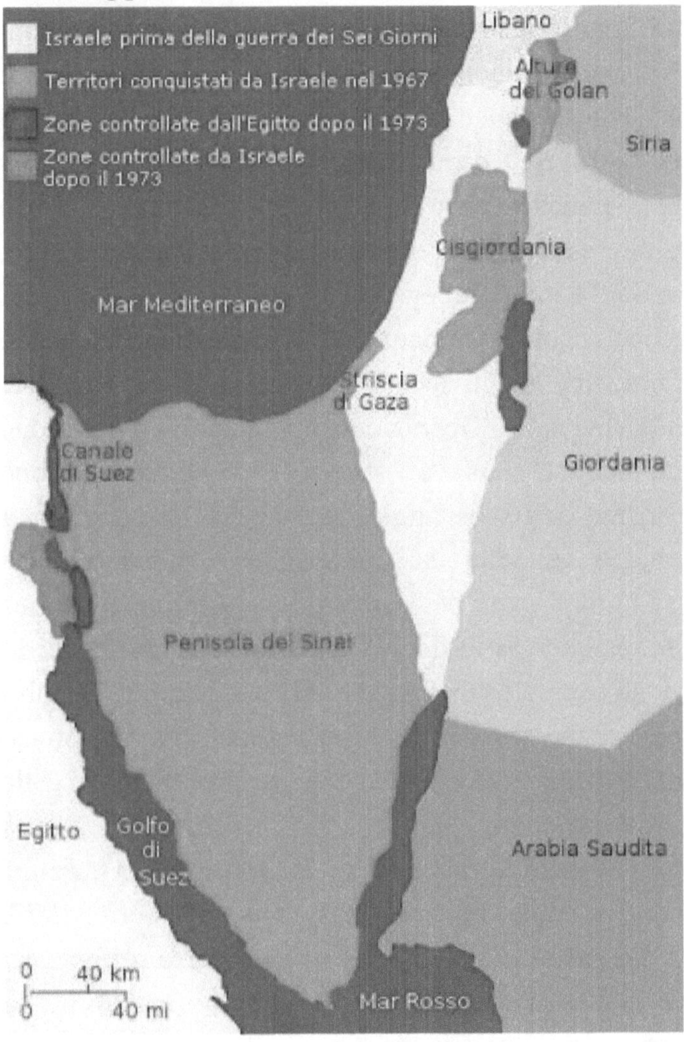

Il primo momento saliente dei primi anni di Yitzhak Rabin come Primo Ministro di Israele è stata la firma dell'accordo interinale del Sinai da parte di Egitto e Israele il 4 Settembre 1975, in cui si affermava che il loro conflitto "non sarà risolto con la forza militare ma con mezzi pacifici...", e che richiesto anche a Israele a fare spazio "...per un ulteriore ritiro nel Sinai e una nuova zona cuscinetto delle Nazioni Unite." L'accordo non solo ha rafforzato l'impegno di entrambi i paesi a rispettare la Risoluzione 338 delle Nazioni Unite nel risolvere l'occupazione Israeliana della penisola del Sinai, ha anche aperto la strada a un eventuale accordo di pace alimentando le relazioni diplomatiche tra Egitto, Israele e Stati Uniti d'America.

Il secondo punto culminante del suo primo mandato come Primo Ministro fu il suo ordine del raid di Entebbe, altrimenti chiamato "Operazione Entebbe" o "Operazione Thunderbolt." Questa è stata la riuscita missione antiterrorismo e di salvataggio di ostaggi sotto copertura a lungo raggio condotta dai commandos dell'IDF che ha liberato 248 passeggeri dell'aereo di linea Air France Airbus A300, la maggior parte dei quali erano Israeliani tenuti in ostaggio all'aeroporto di Entebbe, Uganda, da due membri del Fronte Popolare per la Liberazione della Palestina–Operazioni Esterne (PFLP-EO), e da due membri delle Cellule Rivoluzionarie (uno dei gruppi terroristici di sinistra più pericolosi della Germania), che lavoravano tutti insieme.

Rabin si sarebbe dimesso dall'incarico l'8 Aprile 1977, per poi dimettersi dalla sua posizione nella direzione del partito e ritirare la sua candidatura a primo ministro per le imminenti elezioni legislative. Ciò avvenne in seguito allo scandalo finanziario del 1977, che derivò dalle rivelazioni secondo cui aveva violato le normative sulla valuta Israeliana mantenendo conti bancari esteri senza previa autorizzazione, anche se aveva aperto i conti in una banca di

Washington, DC durante gli anni in cui ha lavorato negli Stati Uniti come ambasciatore di Israele (1968-73), e anche se i due conti bancari contenevano solo diecimila dollari.

****

Il partito di opposizione Likud sotto Menachem Begin avrebbe vinto le elezioni legislative Israeliane del Maggio 1977 e il partito laburista si sarebbe trovato all'opposizione per la prima volta nella storia Israeliana. Fu così che Yitzhak Rabin si trovò in disparte mentre il nuovo governo di Menachem Begin, sostenuto dall'eroe della guerra dello Yom Kippur del 1973 Ariel Sharon, negoziava e firmava gli accordi di Camp David sponsorizzati dagli Stati Uniti con il presidente egiziano Anwar Sadat, portando così a una soluzione pacifica dell'ala egiziano-Israeliana del conflitto Arabo-Israeliano. Mediato dal trentanovesimo presidente degli Stati Uniti Jimmy Carter, l'accordo sarebbe seguito sei mesi dopo dalla firma del Trattato di pace Egitto-Israele il 26 Marzo 1979. Il trattato ha portato:

- una svolta nelle relazioni tra Egitto e Israele attraverso un riconoscimento reciproco che ha reso l'Egitto il primo Paese del mondo Arabo a riconoscere l'esistenza di Israele.

- una normalizzazione delle relazioni tra Israele ed Egitto

- la fine dello stato di guerra trentennale tra Israele e lo stato più popoloso del mondo Arabo.

- il ritiro totale e completo di tutte le forze militari e di sicurezza Israeliane dalla penisola del Sinai.

L'Egitto, da parte sua, ha accettato di fare della penisola del Sinai una zona smilitarizzata con una serie di regole concordate sulla gestione della necessità di una maggiore sicurezza nell'area.

Il fatto che il Partito Laburista fosse ora all'opposizione non ha impedito a Yitzhak Rabin di svolgere un ruolo attivo nella politica Israeliana. Dopo le sue dimissioni, è rimasto nei corridoi del potere, prestando servizio come membro della Knesset e facendo parte del Comitato per gli affari esteri e la difesa fino al 1984. In effetti, sarebbe stato ministro della difesa Israeliano dal 1984 al 1990 nei governi di unità nazionale guidato dai primi ministri Yitzhak Shamir e Shimon Peres, compresi gli anni della Prima Intifada—intensi dal 1987 al 1990, e incerti dal 1991 al 1993.

La Prima Intifada è stata una serie inarrestabile di proteste palestinesi e rivolte violente contro l'occupazione Israeliana ormai ventennale della Striscia di Gaza e della Cisgiordania, conquistate rispettivamente dall'Egitto e dalla Giordania nella Guerra dei Sei Giorni. Fu durante il secondo anno dell'Intifada, dopo aver parlato con palestinesi di diversi ceti sociali, che concluse che il conflitto con i palestinesi poteva essere risolto solo con mezzi politici. Lo articolò succintamente a un intervistatore nel 1989 con le seguenti parole: "La soluzione può essere solo politica."

Tuttavia, la fase storica della carriera politica di Yitzhak

Rabin è iniziata nel 1992, quando è stato rieletto primo ministro di Israele su una piattaforma per abbracciare il processo di pace Israelo-palestinese. La Conferenza di pace di Madrid del 30 Ottobre - 1° novembre 1991 ospitata dalla Spagna e sponsorizzata dagli Stati Uniti d'America e dall'Unione Sovietica, in quello che è stato uno sforzo della comunità internazionale per rilanciare il processo di pace tra Israele e palestinesi, anche tra Israele e altri paesi arabi, come la Giordania, il Libano e la Siria, ha dato il via a uno slancio su cui Rabin si è impegnato a costruire. Pensava che le condizioni fossero mature nella regione per fare la pace quando il 13 Luglio 1992 disse quanto segue alla Knesset Israeliana (Parlamento) che "Nella realtà attuale, ci sono solo due opzioni: o uno sforzo serio sarà fatto per fare la pace con la sicurezza ... o che vivremo per sempre di spada. "

Avrebbe costruito sulle sue parole e avrebbe reso il percorso per la ricerca della pace uno sforzo ufficiale, un'iniziativa da cui nacquero gli Accordi di Oslo il 13 Settembre 1993. Fu così che emerse per la prima volta la prospettiva di una pace globale nel Medio Oriente.

Yitzhak Rabin, il generale Israeliano che ha ideato la guerra di maggior successo nella storia di Israele, ha convinto il mondo di essere diventato un convinto sostenitore della pace tra Israele e il mondo Arabo durante un discorso tenuto al Congresso degli Stati Uniti il 26 Luglio 1994 alla presenza di Il Re Hussein bin Talal di Giordania, il presidente degli Stati Uniti Bill Clinton e i legislatori si sono riuniti lì quando ha dichiarato:

"Io, ID militare # 30743, generale in pensione delle

forze di difesa Israeliane in passato, mi considero un soldato dell'esercito di pace oggi. Io, che ho servito il mio paese per 27 anni come soldato, vi dico, a vostra maestà, il Re di Giordania, vi dico amici americani, oggi ci imbarchiamo in una battaglia che non ha né morti né feriti, niente sangue e niente angoscia. Questa è l'unica battaglia che è un piacere intraprendere, la battaglia per la pace."

Quindi, non fu una sorpresa quando il 14 Ottobre 1994, Yitzhak Rabin vinse il Premio Nobel per la Pace 1994, insieme al suo rivale politico di lunga data del Partito Laburista Shimon Peres e al leader Palestinese Yasser Arafat. Quando il 26 Ottobre 1994, un anno dopo gli accordi di Oslo, Israele firmò un trattato di pace con il Regno hashemita di Giordania, e Rabin strinse la mano al suo Re sotto il cui governo aveva guidato la cattura della Cisgiordania dalla Giordania nel 1967, il mondo è diventato ottimista sul fatto che avrebbe portato Israele a realizzare la pace globale in Medio Oriente. Infatti, mentre si muoveva verso un accordo definitivo con i palestinesi, Rabin mirava anche a un accordo di pace con i Siriani sulle alture del Golan che Israele ha catturato dalla Siria nella guerra del 1967. Fiducioso sulle prospettive di pace, ha detto a un pubblico durante una conferenza del Premio Nobel il 10 Dicembre 1994 che *"C'è solo un mezzo radicale per santificare le vite umane. Non corazzate, carri armati, aerei o fortificazioni in cemento. L'unica soluzione radicale è la pace."*

Le forze intenzionate a distruggere il processo di pace Israelo-Palestinese sembravano inarrestabili nel 1995, poiché il gruppo militante Palestinese Hamas portava avanti una campagna incessante di attentati suicidi contro Israeliani e mentre le forze di destra in Israele facevano una campagna contro il primo ministro Israeliano, chiedendo la sua cacciata e la fine del processo di pace. Quando ha detto che "Dobbiamo combattere il terrorismo come se non ci fosse un processo di pace e lavorare per raggiungere la pace come se non ci fosse il terrore ...", stava semplicemente ribadendo la sua determinazione a concludere un accordo di pace con i palestinesi nonostante gli attacchi terroristici degli estremisti palestinesi gruppi.

Alcuni in Israele e nel resto del mondo videro arrivare l'assassinio di Yitzhak Rabin, quando Yigal Amir gli sparò più volte il 4 Novembre 1995 alle 21:30, alla fine di una manifestazione a sostegno degli accordi di Oslo presso la piazza dei Re di Israele a Tel Aviv. Morì sul tavolo operatorio per una grave perdita di sangue e un polmone perforato entro 40 minuti dopo essere stato colpito da Yigal Amir, appena un'ora dopo aver rafforzato la fede del campo della pace in Israele con queste parole memorabili:

"Sono stato un militare per ventisette anni. Ho combattuto fintanto che non c'erano prospettive di pace. Oggi credo che ci siano prospettive di pace, grandi prospettive. Dobbiamo approfittarne per il bene di coloro che stanno qui e per il bene di coloro che non stanno qui. E sono molti tra la nostra gente."

Il funerale e la sepoltura di Yitzhak Rabin hanno avuto luogo il 6 Novembre 1995, presso il cimitero di Mount Herzl a Gerusalemme, dove è stato sepolto. Alle cerimonie hanno partecipato centinaia di leader mondiali, tra cui circa 80 capi di stato.

Yitzhak Rabin, il notevole soldato che divenne un campione per la pace, è diventato un simbolo del processo di pace Israelo-Palestinese dalla sua morte per i proiettili sparati da un assassino che si oppone alla natura della pace tra Israeliani e palestinesi che il grande generale e statista Israeliano aveva abbracciato.

Oggi non esiste un accordo di pace finale tra Israele e i territori palestinesi. Israele è stato dirottato dalle sue forze politiche di destra che ora controllano il governo e l'esercito; Hamas ora governa Gaza e l'autorità Palestinese si trova in uno stato di impotenza con il controllo di quasi metà del territorio Palestinese della Cisgiordania.

All'estero, strade e piazze prendono il nome dal primo ministro Israeliano assassinato nelle città tedesche di Bonn e Berlino; nelle città degli Stati Uniti di Chicago, Miami e New York; nella capitale spagnola Madrid e nella città Ucraina di Odessa. Il suo nome è prominente nei parchi della città canadese di Montreal, nella capitale Francese di Parigi, nella capitale Italiana di Roma e nella città peruviana di Lima.

In Israele, ponti, parchi, quartieri, scuole, strade, complessi di uffici governativi, centrali elettriche, sinagoghe e valichi di frontiera portano il nome di Yitzhak Rabin. In memoria del primo ministro Israeliano assassinato è stata costruita una biblioteca e un centro di ricerca chiamato Yitzhak Rabin Center. Il suo nome è onorato nella musica, nei Francobolli postali, nelle forze di difesa Israeliane (IDF) e nei centri di alta cultura in Israele e all'estero. La commemorazione del giorno dell'assassinio di Yitzhak Rabin come il suo Giorno della Memoria è considerata dalla maggior parte degli Israeliani il più alto riconoscimento della sua importanza nella storia Israeliana. Così, quando nel 2005 ha ricevuto postumo il *Dr. Rainer Hildebrandt Human Rights* Award che viene assegnato ogni anno ai suoi destinatari in riconoscimento del loro straordinario impegno non violento nei confronti dei diritti umani, molte persone non ne sono rimaste sorprese.

C'è una scuola di pensiero che se Yitzhak Rabin non fosse stato assassinato, avrebbe vinto le prossime elezioni generali e avrebbe usato il suo nuovo mandato per concludere un accordo di pace definitivo con l'autorità Palestinese sotto il suo presidente Yasser Arafat, portando così la pace al Medio Oriente e minando i gruppi islamici radicali in un processo che avrebbe impedito:

- gli attacchi terroristici dell'11 Settembre 2001 negli Stati Uniti

- la conseguente guerra al terrore che ha visto gli Stati Uniti invadere l'Afghanistan e l'Iraq

- la guerra tra Hamas e l'Autorità Palestinese che ha portato al sequestro di Gaza da parte di Hamas

- la primavera araba

- le guerre civili in Libia e Yemen

- l'ascesa delle organizzazioni militari e politiche terroristiche, ispirate all'ideologia jihadista salafita, nota come Stato islamico (IS), ma anche chiamata Stato islamico di Iraq e Siria (ISIS) o Daesh in

Arabo

- e la guerra civile in Siria.

Un'altra scuola di pensiero sostiene che Yasser Arafat avrebbe deluso Rabin. Questo gruppo è convinto che il leader Palestinese non abbia mai nutrito intenzioni di concludere una pace finale con Israele. Il principale sostenitore di questa opinione è Ehud Barak che, in qualità di Primo Ministro Israeliano dal 6 Luglio 1999 al 7 Marzo 2001, è salito al potere impegnandosi a realizzare il sogno di Rabin concludendo la pace tra Israele e Palestinesi. Ehud Barak ha incolpato Yasser Arafat per il fallimento del vertice di Camp David del 2000, che avrebbe dovuto portare a una risoluzione finale del conflitto Israelo-palestinese, sostenendo che Yasser Arafat non aveva mai inteso raggiungere un accordo sulle questioni relative allo status finale riguardanti:

- Accordi di sicurezza tra Israele e il futuro Stato palestinese

- Insediamenti ebraici nei territori palestinesi occupati della Cisgiordania e di Gaza in quello che sarebbe diventato uno stato palestinese

- Il Monte del Tempio di Gerusalemme, altrimenti chiamato dai musulmani Haram esh-Sharif, considerato il luogo più sacro del giudaismo e il terzo sito più sacro dell'Islam

- Rifugiati e diritto Palestinese al ritorno in Israele

- e Gerusalemme (la natura della sua divisione e sovranità)

L'Esplanade delle Moschee, noto in Arabo come Bayt al-Maqdis o al-Ḥaram aš-Šarīf, che significa "Il Nobile Santuario", e dagli ebrei come Il Monte del Tempio, è costituito dalla Cupola della Roccia, la Moschea Al-Aqs, ea destra sotto la spianata c'è il Muro Occidentale (Muro del Pianto)

Il fallimento del vertice di Camp David, le istigazioni palestinesi e la visita del 28 Settembre 2020 del leader Israeliano del partito Likud Ariel Sharon al complesso del Monte del Tempio (che è il sito della Cupola della Roccia e della Moschea di Al-Aqsa), come una dichiarazione della sovranità Israeliana sul luogo sacro, ha innescato rivolte palestinesi che hanno innescato la Seconda Intifada.

È stato sulla scia della seconda Intifada, altrimenti chiamata Al-Aqsa Intifada, che Ariel Sharon ha sfruttato i sentimenti di indurimento e le crescenti preoccupazioni per la sicurezza in Israele e ha sconfitto il capo del governo

Israeliano in carica Ehud Barak nelle elezioni del 6 Febbraio 2001 per il Primo Ministro. La Seconda Intifada conclusa l'8 Febbraio 2005. Erano passati appena tre mesi dalla morte di Yasser Arafat l'11 Novembre 2004.

Israele sotto la linea dura del primo ministro Ariel Sharon ritirerebbe tutti i coloni ebrei e l'esercito Israeliano dalla Striscia di Gaza, il gruppo militante Palestinese Hamas si sbarazzerà dell'Autorità Palestinese nella Striscia di Gaza nel conflitto militare tra il 10 Giugno 2007 e il 15 Giugno 2007 tra Hamas e forze di Fatah. Ciò è avvenuto in seguito alla lotta per il potere tra i due dopo che Fatah ha perso le elezioni parlamentari del 2006 nella Striscia di Gaza contro Hamas. L'acquisizione della Striscia di Gaza da parte di Hamas ha causato il crollo del governo di unità palestinese, così che i territori palestinesi sotto il controllo Palestinese sono ora divisi in due entità de facto—la Striscia di Gaza sotto il controllo di Hamas, e la Cisgiordania dove circa la metà del territorio è sotto il controllo dell'Autorità Nazionale Palestinese, dominata da Fatah.

Anche se la sinistra non è mai tornata al potere in Israele dal 2001, e anche se Israele ha costruito una barriera in Cisgiordania durante la Seconda Intifada sulla base del fatto che era necessario fermare l'ondata di uccisioni politiche (attentati suicidi e sparatorie) all'interno di Israele che sono state eseguite dai palestinesi della Cisgiordania. Anche se altri piani di pace non sono riusciti a realizzare un trattato di pace tra Israele e Palestinesi, il sogno di Rabin di fare la pace con il mondo Arabo farebbe un passo avanti quando il 13 Agosto 2020, la mediazione degli Stati Uniti guidò gli Emirati Arabi Uniti (EAU) per normalizzare le relazioni con Israele concludendo l '"Accordo di pace degli accordi di Abraham: Trattato di pace, relazioni diplomatiche e piena normalizzazione tra gli Emirati Arabi Uniti e lo Stato di Israele", altrimenti chiamato "Accordi di Abraham." L'accordo è stato seguito dalla firma di un Trattato di pace tra Israele e gli Emirati Arabi Uniti il 15 Settembre 2020, rendendo gli Emirati Arabi Uniti il terzo paese nel mondo Arabo dopo l'Egitto e la Giordania a concludere la pace con Israele e cooperare con esso su temi di economia, diplomazia e su altri fronti.

Yitzhak Rabin, il Sabra che ha servito la terra natale e il paese per tutta la vita come soldato, politico e statista, avrebbe potuto costringere Yasser Arafat a superare le sue inibizioni interiore fare i sacrifici per la pace che erano necessari per fondare uno stato Palestinese indipendente; e Yitzhak Rabin aveva la fiducia, il rispetto e il timore reverenziale del mondo Arabo, sostengono alcuni esperti. Qualunque sia la speculazione, il timido ragazzo che è diventato uno dei più grandi leader militari di Israele, e il centro del suo lungo viaggio verso la pace con i suoi vicini arabi e musulmani sarà per sempre pianto da coloro che sognano o hanno sognato la pace tra Israele e il mondo Arabo e il mondo Musulmano.

                    JANVIER T. CHANDO

Yitzhak Rabin di Israele, Bill Clinton degli USA e il leader Palestinese Yasser Arafat alla firma degli accordi di Oslo

Yitzhak Rabin di Israele e Re Hussein di Giordania

Capitolo Due

Anwar al-Sadat

Citazioni di Anwar al-Sadat

"La pace è molto più preziosa di un pezzo di terra ... non dovrebbero esserci più guerre."

"Chi non può cambiare il tessuto stesso del suo pensiero non sarà mai in grado di cambiare la realtà."

"Può esserci speranza solo per una società che agisce come una grande famiglia, non come tante separate."

"Molte persone cercano ciò che non possiedono e sono schiavizzate dalle stesse cose che vogliono acquisire."

"La paura è, credo, uno strumento molto efficace per distruggere l'anima di un individuo, e l'anima di un popolo."

"La grande sofferenza ha un rivestimento d'argento di cui possiamo essere grati, perché costruisce un essere umano e lo mette alla portata della conoscenza di sé."

"Questo [fondamentalismo] non è religione. È oscenità. Queste sono bugie, l'uso criminale del potere religioso per fuorviare le persone."

"Non c'è felicità per le persone a spese di altre persone."

"Credo che per la pace un uomo possa, anche dovrebbe, fare tutto ciò che è in suo potere. Niente in questo mondo potrebbe essere più alto della pace. "

"Se non hai la capacità di cambiare te stesso e le tue attitudini, allora nulla intorno a te può essere cambiato."

"I russi possono darti le armi, ma solo gli Stati Uniti possono darti una soluzione."

"Non mi interessa il successo socialmente riconoscibile. Apprezzo solo quel successo che sento dentro di me, che mi soddisfa e che fondamentalmente deriva dalla conoscenza di sé. "

"Amare significa dare e dare significa costruire, mentre odiare è distruggere."

"Sono stato educato a credere che il modo in cui mi vedevo fosse più importante di come gli altri mi vedessero."

"Che non ci siano più guerre o spargimenti di sangue tra arabi e Israeliani. Che non ci siano più sofferenza o negazione dei diritti. Che non ci siano più disperazione o perdita di fiducia."

"Il vero successo è successo con sé stessi. Non è nell'avere le cose, ma nell'avere padronanza, avere la vittoria su sé stessi."

"La fede significa che un uomo dovrebbe considerare qualsiasi disastro semplicemente come un colpo determinato dal destino che deve essere sopportato."

"Sono stato educato a credere che il modo in cui mi vedevo fosse più importante di come gli altri mi vedessero."

"Solo quando ha smesso di aver bisogno delle cose un uomo può davvero essere il suo padrone e quindi esistere davvero."

"La terra è immortale, perché ospita i misteri della creazione."

"Lascia che ogni ragazza, ogni donna, ogni madre qui [in Israele] — e lì nel mio paese [Egitto] — sappi che risolveremo tutti i nostri problemi attraverso negoziati attorno al tavolo piuttosto che iniziare una guerra."

Egitto su una Mappa del Mondo

Mappa di Partizione dell'Africa: 1884-1914

Africa 1914

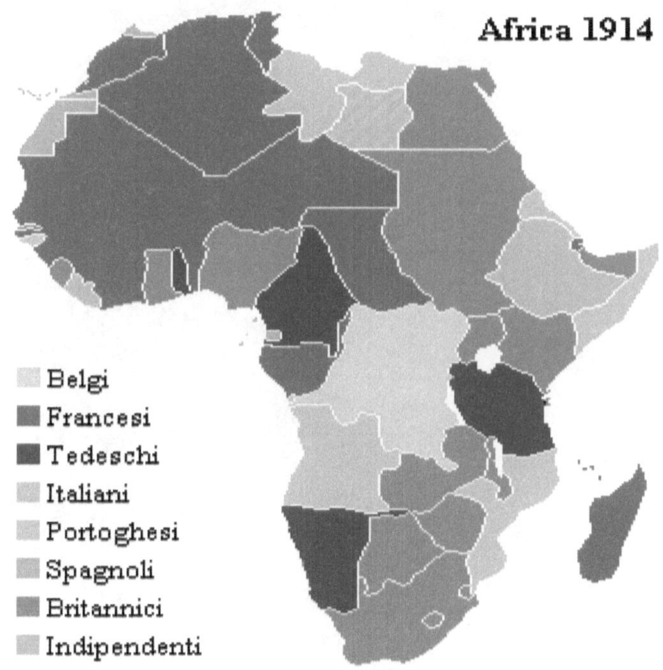

Mappa Politica dei Paesi Africani, 2000

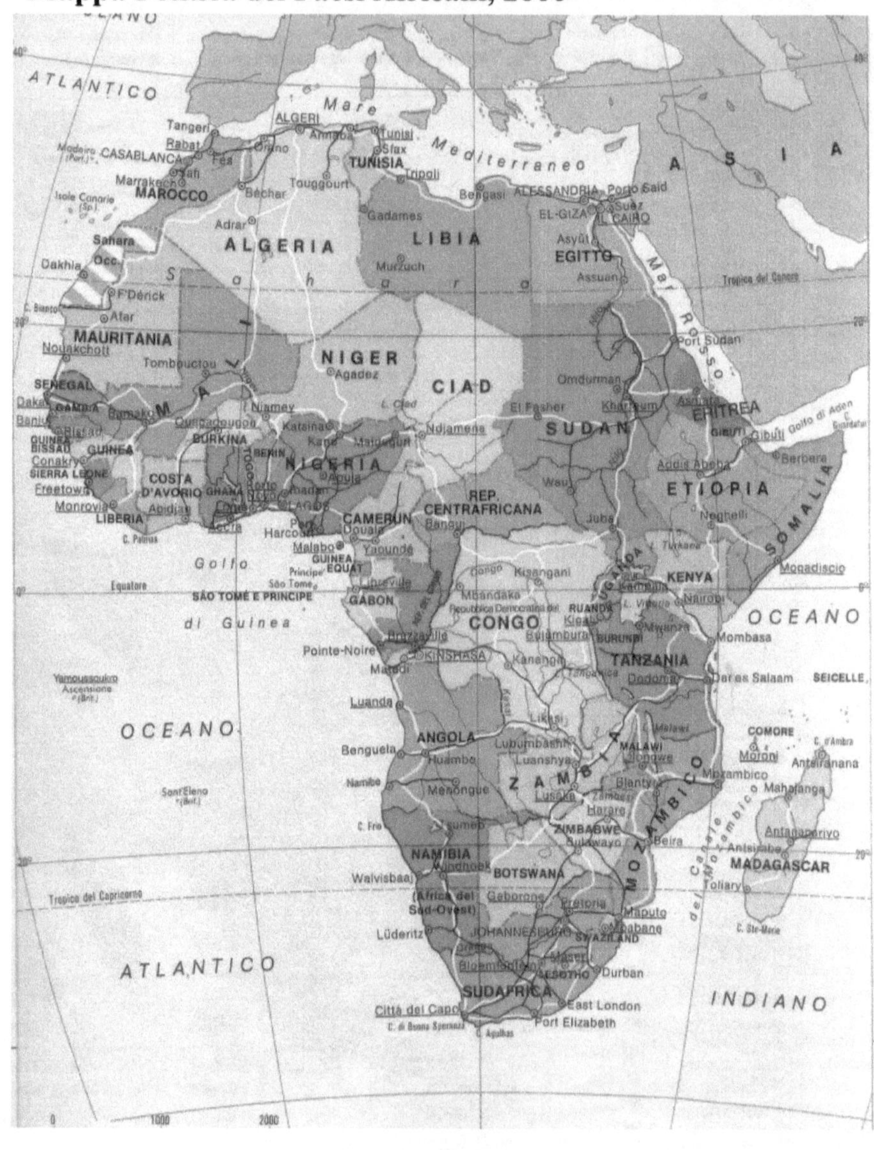

LE INDIPENDENZE AFRICANE

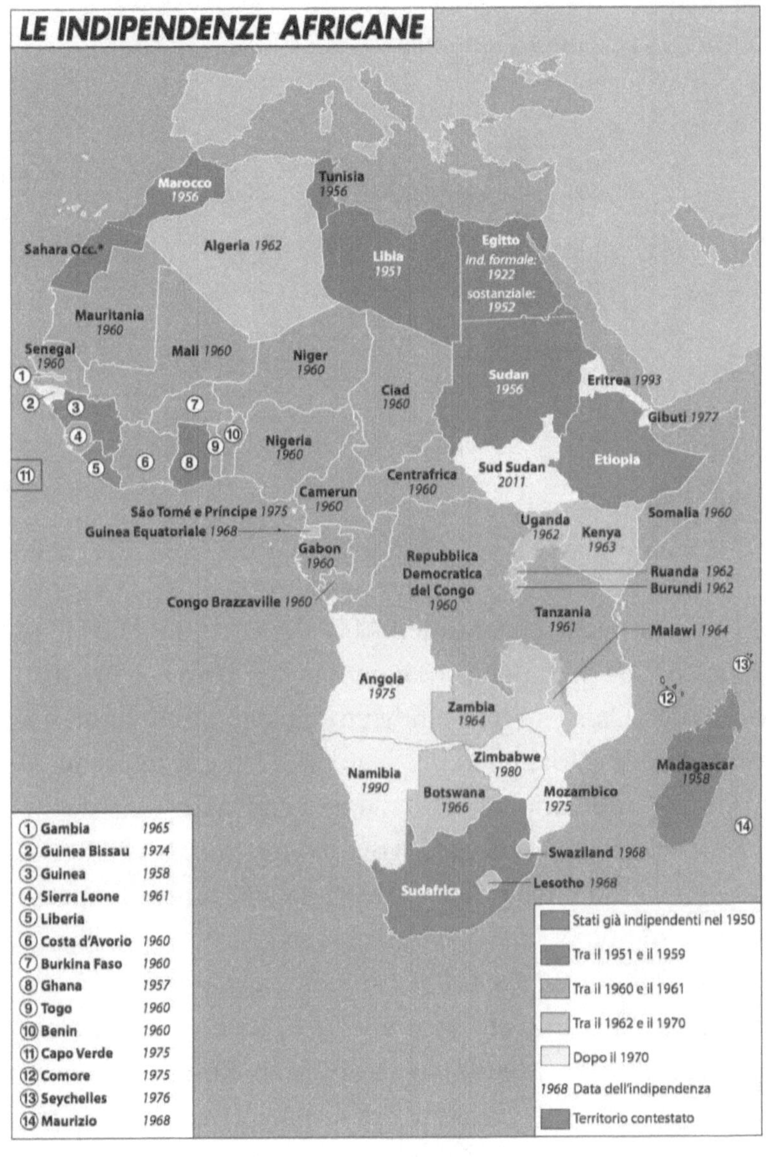

Valutazioni Sulla Democrazia dei Paesi Africani

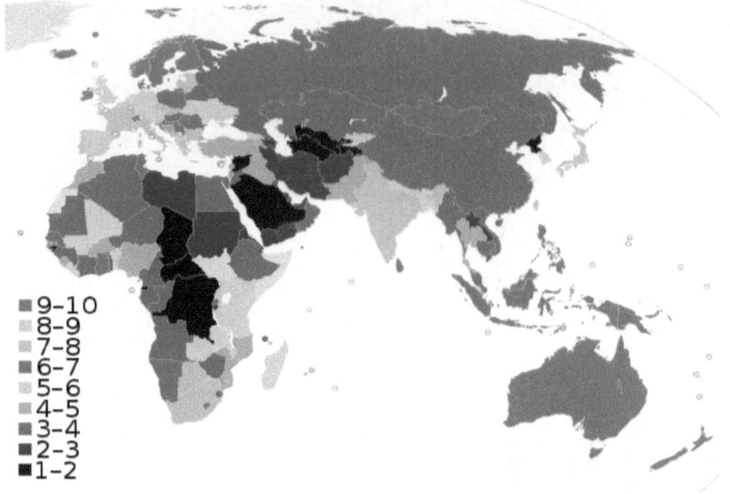

Anwar al-Sadat nacque nell'Alto Egitto il 25 Dicembre 1918, in una famiglia di 13 bambini e crebbe a 40 miglia a nord del Cairo in un momento in cui l'Egitto era un protettorato Britannico. Lo status dell'Egitto sotto il controllo dell'Impero Britannico derivava dal debito paralizzante che costrinse il governo Egiziano a vendere al governo Britannico i suoi interessi nell'ingegnere Francese Canale di Suez.

Costruito tra il 1859 e il 1869, il Canale di Suez è una via d'acqua artificiale a livello del mare in Egitto che collega il Mar Mediterraneo al Mar Rosso attraverso l'istmo di Suez. Il canale offre ai natanti un viaggio più breve tra il Nord Atlantico e l'Oceano Indiano settentrionale, riducendo così il viaggio di circa 7 000 chilometri (4, 300 miglia). In effetti, gli inglesi e i Francesi avevano utilizzato le risorse del canale per stabilire un controllo politico sufficiente sull'Egitto che era logico riferirsi all'Egitto come una colonia Britannica.

Sadat sarebbe stato fortemente influenzato da quattro figure nella sua prima vita:

- Zahran del villaggio natale di Sadat che fu impiccato dagli inglesi per una rivolta che provocò la morte di un ufficiale Britannico
- Kemal Ataturk che ha creato lo stato moderno della Turchia dalle ceneri dell'Impero Ottomano
- Mohandas (Mahatma) Gandhi che aveva predicato il potere della nonviolenza nella lotta all'ingiustizia durante un tour in Egitto nel 1932
- e infine Adolf Hitler che inizialmente era considerato da Sadat come qualcuno che poteva aiutare a liberare l'Egitto dal controllo coloniale Britannico.

Quando gli inglesi crearono una scuola militare in Egitto nel 1936 a seguito di un accordo con il partito Egiziano Wafd, Sadat divenne uno dei suoi primi studenti. Dopo la sua laurea, il governo lo ha inviato in Sudan dove ha incontrato Gamal Abdel Nasser, con il quale, insieme a molti altri giovani ufficiali, formò i Liberi Ufficiali segreti (*Free Officer*), un movimento dedicato alla rivoluzione che avrebbe liberato l'Egitto e il Sudan dal dominio del Britannici e la corruzione della monarchia. Questa associazione politica li condurrebbe infine alla presidenza egiziana.

Sadat sarebbe stato imprigionato due volte per le sue attività rivoluzionarie durante la Seconda Guerra Mondiale. Questo è stato proprio per i suoi sforzi per ottenere aiuto dalle potenze dell'Asse (Italia e Germania) per espellere gli inglesi. Dopo il suo rilascio dalla prigione, si ricollegò con Nasser solo per scoprire che il loro movimento era cresciuto considerevolmente durante gli anni in cui era in prigione. Il 23 Luglio 1952, la *Free Officers* Organization rovesciò il Re Farouk e pose fine alla monarchia egiziana in un colpo di stato militare che lanciò la rivoluzione egiziana del 1952. Successivamente divenne ministro delle relazioni pubbliche di Nasser e suo tenente di fiducia. Il laborioso e focalizzato Sadat avrebbe realizzato l'ordine di Nasser di sorvegliare l'abdicazione ufficiale del Re Farouk.

Fu durante gli anni al potere di Nasser che Sadat imparò il pericoloso gioco della costruzione della nazione in un mondo di rivalità tra superpotenze. Hanno portato l'Egitto a diventare uno stato "non allineato", rendendo così il paese nordAfricano una delle nazioni leader che le società sottosviluppate e post-coloniali hanno rispettato. Nasser e Sadat sopravvissero alla guerra del 1956 dopo che Nasser nazionalizzò il canale di Suez, spingendo gli inglesi, i Francesi e gli Israeliani a lanciare un attacco contro l'Egitto nel tentativo di lottare contro il controllo del canale da mani egiziane. La guerra del 1956 sarebbe finita solo dopo che gli Stati Uniti d'America avevano costretto la Gran Bretagna, la Francia e Israele a ritirare le loro forze dall'Egitto. Il conflitto pagò dividendi e i due compagni lo sfruttarono al punto che l'Egitto emerse da quella guerra come campione dei paesi non allineati, per resistere alle grandi potenze.

La spartizione dell'Africa

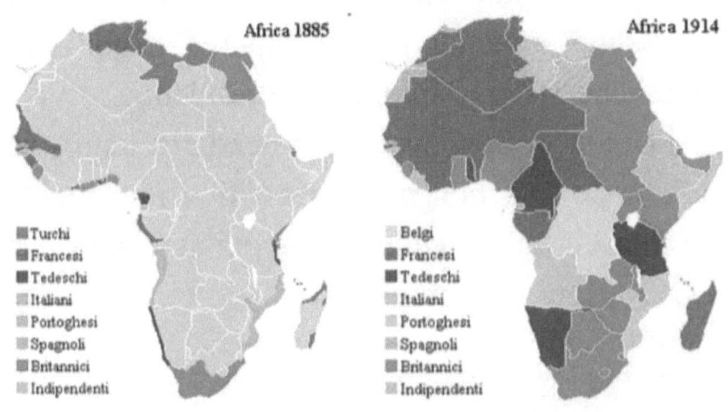

L'importanza di Nasser sarebbe diminuita dalla debacle della Guerra dei Sei Giorni del 1967, quando l'esercito Israeliano distrusse completamente le forze aeree egiziane e rese inabile l'esercito Egiziano uccidendo almeno 3 000 soldati e occupando la penisola del Sinai fino al Canale di Suez. L'esito della guerra mise a dura prova l'economia egiziana e fece quasi fallire il governo. Ciò che è stato ancora più scoraggiante per Nasser è stata la crescente disunione tra le nazioni arabe che litigavano e i crescenti movimenti Palestinesi. La sua morte, avvenuta il 29 Settembre 1970, a causa di un infarto, derivò dalla sua salute in declino causata dalla sconfitta dell'Egitto nella guerra Arabo-Israeliana del 1967.

Chiamato "barboncino nero di Nasser" da alcuni egiziani di alto rango, Sadat era sottovalutato quando successe a Nasser. Tuttavia, nei successivi 11 anni si dimostrò un abile leader del suo popolo. Quando offrì apertamente agli

Israeliani un trattato di pace in cambio della penisola del
Sinai catturata da Israele nella guerra del 1967, molti,
specialmente nel mondo Arabo, furono colti di sorpresa.
Tuttavia, avrebbe superato la crisi interna e gli intrighi
internazionali che affliggevano la sua presidenza. Avrebbe
costretto l'Unione Sovietica a prenderlo sul serio
espellendoli dopo che non erano riusciti a ricostituire le
forniture militari esaurite dell'Egitto, e poi avrebbe riparato
di nuovo le relazioni con loro.

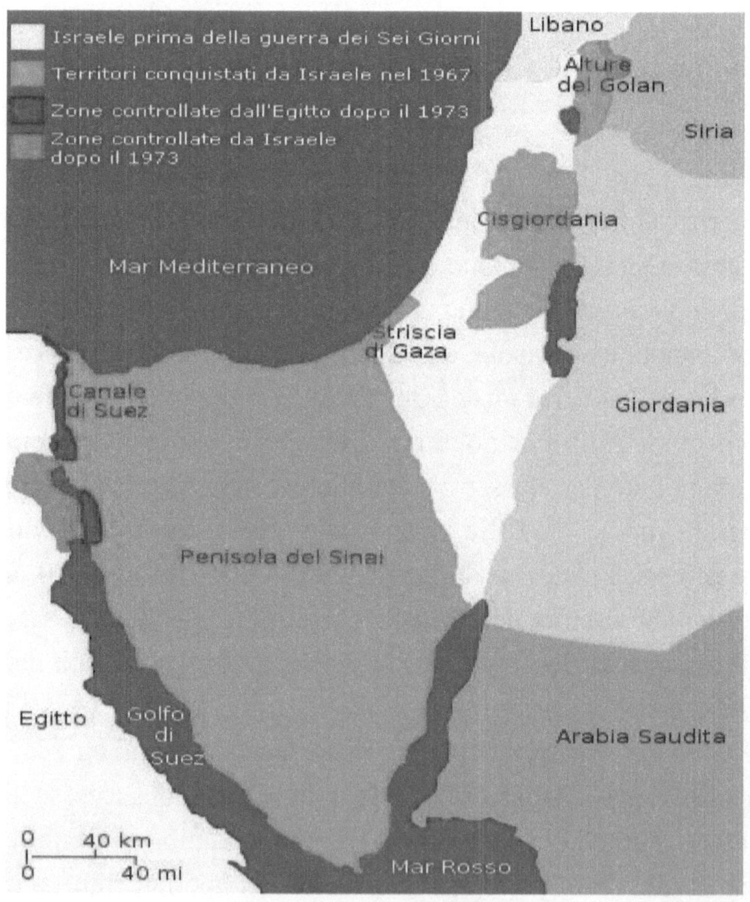

Quando il 6 Ottobre 1973 Sadat attaccò Israele nel tentativo di riconquistare la penisola del Sinai dopo che lo stato ebraico continuò a rifiutare l'iniziativa di pace egiziana, fu la sua più grande scommessa militare e politica. Ha quasi dato i suoi frutti poiché l'eccellente precisione militare ha permesso all'esercito Egiziano di attraversare il Canale di Suez nel Sinai dove hanno iniziato a spingere l'esercito Israeliano nel deserto. Anche se i successi durante la guerra furono di breve durata e molti dei guadagni dell'esercito Egiziano furono invertiti, l'attacco creò un nuovo slancio per la pace in Egitto e in Israele, poiché entrambi gli stati uscirono dalla guerra stanchi della guerra, con economie malconci e un senso di quanto fossero vicini al disastro. Tuttavia, la guerra ha sollevato l'attenzione e le preoccupazioni della comunità internazionale, in particolare gli Stati Uniti d'America che temevano una maggiore instabilità in Medio Oriente e Nord Africa.

****

Sadat uscì dalla guerra convinto che la pace con Israele avrebbe raccolto un enorme "dividendo di pace", e così iniziò la sua più importante scommessa diplomatica affermando in un discorso al parlamento Egiziano nel 1977, che sarebbe andato ovunque per negoziare un accordo di pace con gli Israeliani, persino al parlamento

Israeliano. Gli Israeliani lo hanno seguito alle sue parole con un invito a fare proprio questo — rivolgersi al parlamento Israeliano noto come Knesset, qualcosa che ha fatto, dando così inizio a un nuovo slancio per la pace che alla fine culminerebbe nell'accordo di Camp David del 1978 e l'Egitto e Israele hanno firmato un trattato di pace definitivo nel 1979. Lui e il Primo Ministro Israeliano Menachem Begin avrebbero vinto il premio Nobel per la pace quell'anno per i loro sforzi nel realizzare la pace tra i loro due stati.

Anche se il trattato di pace con Israele ha permesso all'Egitto di recuperare il Sinai e anche se il paese riceve assistenza dall'Occidente sotto forma di aiuti esteri, in particolare dagli Stati Uniti d'America, assistenza che ha aiutato l'economia egiziana riprendersi e persino prosperare, ha lasciato l'Egitto evitato dal resto del mondo Arabo. L'intimità di Sadat con l'Occidente e il trattato di pace con Israele hanno anche suscitato una grande opposizione domestica, in particolare tra i gruppi musulmani fondamentalisti del paese. Anche se ha migliorato la vita quotidiana del comune Egiziano, anche se ha fatto della Sharia la base di tutte le nuove leggi egiziane, e anche se ha cercato di ristabilire la calma nella nazione promulgando leggi che bandiscono la protesta, il fondamentalista Musulmano non sarebbe soddisfatto.

Fu quell'insoddisfazione che portò all'assassinio di Sadat il 6 Ottobre 1981, durante una parata militare che celebrava la riuscita traversata di Suez da parte dell'esercito Egiziano durante la guerra del 1973 contro Israele. Il suo vicepresidente, Hosni Mubarak, gli succederà.

Tre Stati Uniti I presidenti — Gerald Ford, Jimmy Carter e Richard Nixon avrebbero partecipato al funerale di Sadat. L'unico capo di stato Arabo a rendere il suo ultimo onore al leader Egiziano assassinato fu Gaafar Nimeiry del Sudan, una mossa che gli sarebbe costata cara in quanto sarebbe stato rovesciato dagli islamisti il 6 Aprile 1985.

Anche se il coraggioso passo di Sadat nel fare la pace con Israele gli è costato la vita e ha portato all'espulsione dell'Egitto dalla Lega Araba, ha aperto le porte a futuri negoziati tra Israele e il resto del mondo Arabo, rendendo possibile l'accordo di Oslo tra Israele e l'Organizzazione per la liberazione della Palestina (OLP), firmata nel 1993. La firma del trattato di pace tra Israele e Giordania nel 1994, che ha reso la Giordania il secondo paese Arabo per concludere la pace con Israele, deve molto alla pace pioneristica che Sadat ha portato all'Egitto a firmare con Israele. Oggi Israele ha sviluppato legami non diplomatici con diversi altri paesi arabi ed è riconosciuto da diversi paesi musulmani.

Sadat è onorato in Malesia, dove è un grande comandante onorario dell'ordine del difensore del regno.

****

Oggi, quasi quattro decenni dopo la morte di Anwar Sadat, se chiedi agli egiziani che lo hanno conosciuto, hanno sperimentato la sua regola o imparato la sua storia di vita, qual è la loro opinione sulla sua vita e morte, è probabile che tu abbia reazioni contrastanti come risposte ad alcuni dei punti di vista su un uomo affascinante che ha guidato un paese complesso durante un periodo complicato nella storia della regione più problematica del mondo. Tuttavia, le emozioni che vedrai di più sui loro volti sarebbero quelle che riflettono rispetto, gratitudine e dolore.

La maggior parte degli egiziani laici abbraccia la sua eredità, ritenendo che fosse un leader audace, un visionario, un realista, un pragmatico, una persona umana e un vero patriota libero dall'idealismo.

La maggior parte degli egiziani laici abbraccia la sua eredità, ritenendo che fosse un leader audace, un visionario, un realista, un pragmatico, una persona umana e un vero patriota libero dall'idealismo.

Tuttavia, la maggior parte di coloro che si sono opposti a Sadat e pensano che il leader Egiziano assassinato abbia lasciato un'eredità negativa, sono dell'opinione che abbia tradito la causa araba facendo una pace separata con Israele, poiché a loro avviso, l'accordo di pace Egiziano-Israeliano è un cambiamento nella configurazione geopolitica nella regione che promette solo più violenza in futuro. Questi oppositori pensano anche che la prosperità che ha promesso avrebbe seguito la firma del trattato di pace Egiziano-Israeliano a Camp David negli Stati Uniti era stato sopravvalutato. È un dato di fatto, ci sono altri egiziani che arrivano fino ad attaccare i fondamenti del suo personaggio, sostenendo che era spesso ingannevole, vanitoso e indolente, e che ogni tanto suonava persino il buffone, specialmente ai suoi superiori.

Mentre la maggior parte degli esperti concorda sul fatto che il predecessore di Sadat Gamal Abdul Nasser messo insieme i mattoni per la fondazione del moderno stato Egiziano, un'altra opinione popolare è che Sadat completato le fondamenta dell'Egitto moderno e ha modellato lo sviluppo interno ed esterno del paese — socioeconomico e politico in un modo molto fondamentale, mettendo l'Egitto su una traiettoria da cui quasi nessun altro leader o movimento politico Egiziano può allontanalo da. E lo fece in un momento in cui la maggior parte dei regimi arabi era caduta in "degenerazione morale e politica", liberando così l'Egitto dalle loro politiche fallimentari.

I critici di Sadat, in particolare i più duri come gli islamisti (in particolare i Fratelli Musulmani) affermano che era repressivo e lo ritengono responsabile per aver reso difficile alla democrazia raccogliere radici e crescere in Egitto. Alcuni di loro lo considerano persino un amministratore incompetente che ha preso in giro la legge reprimendo i suoi avversari reali o immaginari e chi ha favorito la corruzione tra quelli nei suoi cerchi interni ed esterni.

Indipendentemente dalla posizione assunta da un critico di Anwar Sadat, una cosa che non può essere contestata è il fatto che ha ereditato un Egitto da Gamal Abdul Nasser che è stato parzialmente occupato da Israele, sconfitto, fallito, fortemente dipendente dall'Unione Sovietica; e l'ha lasciato come un paese più vibrante e sicuro.

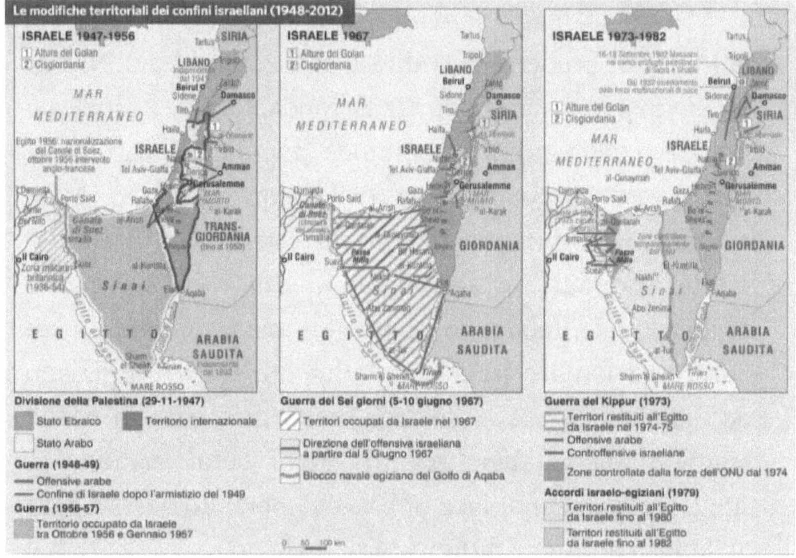

Alcuni esperti sostengono che Anwar Sadat era un visionario che capiva che la pace con Israele era inevitabile, che il resto del mondo Arabo e il resto del mondo Musulmano sarebbero arrivati un giorno e avrebbero fatto pace con Israele, e che più veloce è stato, meglio è. All'epoca non riuscì a convincere i suoi omologhi arabi e musulmani ad unirsi a lui nelle sue aperture di pace e così andò da solo e concluse un trattato di pace con Israele che portava egregiamente dividendi in Egitto, ma che gli valse il risentimento dei mondi Arabo e Musulmano.

Oggi, Anwar Sadat è rivendicato. Israele è diventato più forte militarmente, economicamente e socialmente. La sua popolazione è quasi quadruplicata ed è più radicata nella

Cisgiordania occupata e nelle alture del Golan rispetto a prima. Al contrario, le posizioni dei mondi Arabo e Musulmano nei confronti della pace con Israele si sono evolute, al punto in cui l'opinione prevalente è che si sono ammorbidite tremendamente. La distruzione di Israele non è più una posizione dominante e in precedenza argomenti tabù sono ora oggetto di negoziazione. Tuttavia, come è attualmente la situazione, le realtà sul terreno in Israele e nei territori occupati delle alture del Golan, Gaza e la Cisgiordania cambiano ogni giorno a favore di quegli Israeliani che sono contrari a un accordo che coinvolge il commercio di terre catturate nel 1967 guerra per la pace con i loro vicini. Questi sono per lo più Israeliani di destra che erano una minoranza negli anni '70, ma il cui numero è aumentato ogni giorno.

La Misura della Libertà dei Paesi del Mondo

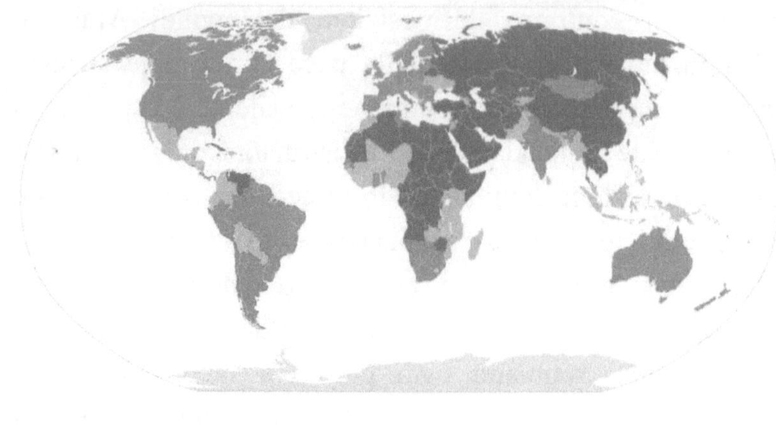

Indice di Democrazia: Africa e il Mondo

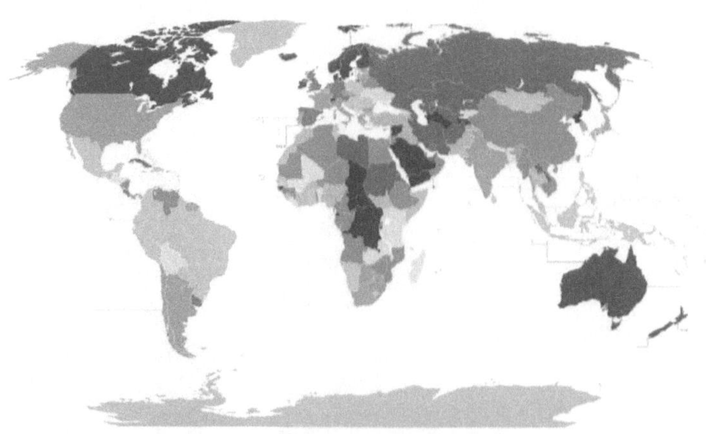

Mappa Politica dei Paesi Africani

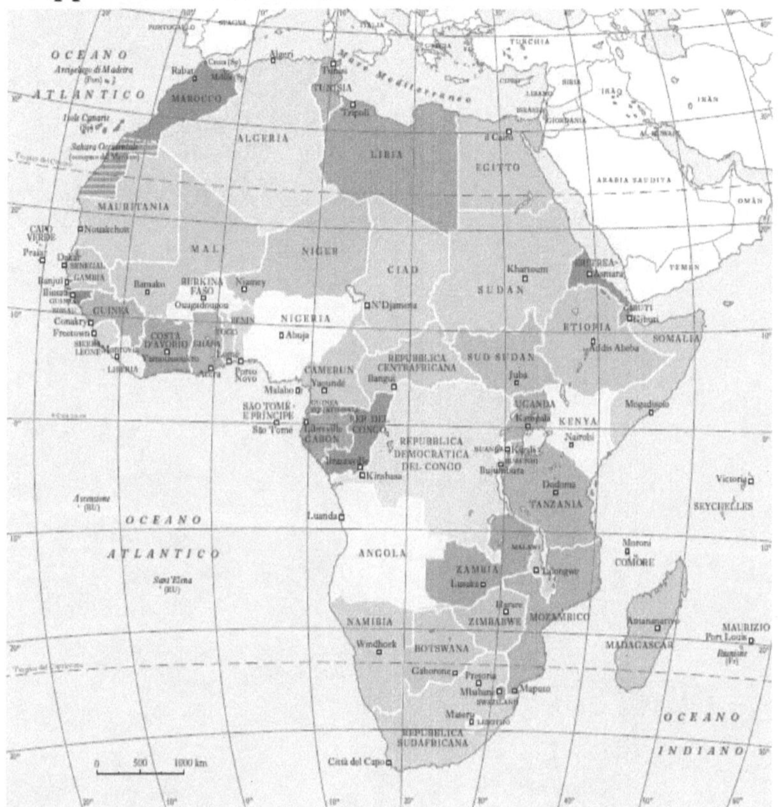

* 9 7 9 8 8 6 5 3 7 7 7 1 9 *